JN328356

| | | |
|---|---|---|
| 七四三 | 五十六さい | 一回目《かいめ》の渡航《とこう》。役人《やくにん》に「日本《にほん》の僧《そう》は海賊《かいぞく》」ととめられて失敗《しっぱい》する |
| 七四四 | 五十七さい | 二回目《かいめ》の渡航《とこう》。航海中《こうかいちゅう》、あらしにあって失敗《しっぱい》する<br>三回目《かいめ》の渡航《とこう》。役人《やくにん》に告《つ》げ口《ぐち》されて失敗《しっぱい》、栄叡《ようえい》が逮捕《たいほ》される<br>四回目《かいめ》の渡航《とこう》。鑑真《がんじん》の弟子《でし》の密告《みっこく》で出航前《しゅっこうまえ》に失敗《しっぱい》する |
| 七四八 | 六十一さい | 五回目《かいめ》の渡航《とこう》。航海中《こうかいちゅう》、あらしにあって漂流《ひょうりゅう》、渡航《とこう》は失敗《しっぱい》する |
| 七五一 | 六十四さい | 視力《しりょく》をうしなう |
| 七五二 | 六十五さい | 日本《にほん》の遣唐使《けんとうし》・藤原清河《ふじわらのきよかわ》に、日本《にほん》へ来《き》てくれるようにたのまれる |
| 七五三 | 六十六さい | 六回目《かいめ》の渡航《とこう》。遣唐使船《けんとうしせん》にのりこみ、日本《にほん》に到着《とうちゃく》する |
| 七五四 | 六十七さい | 東大寺《とうだいじ》にて孝謙天皇《こうけんてんのう》、聖武太上天皇《しょうむだいじょうてんのう》に戒律《かいりつ》をさずける |
| 七五六 | 六十九さい | 朝廷《ちょうてい》より、仏教《ぶっきょう》の最高指導者《さいこうしどうしゃ》・大僧都《だいそうず》に任命《にんめい》される |
| 七五八 | 七十一さい | 淳仁天皇《じゅんにんてんのう》より大和上《だいわじょう》の号《ごう》をあたえられる |
| 七五九 | 七十二さい | 戒律《かいりつ》を教《おし》えるための学校《がっこう》として唐招提寺《とうしょうだいじ》をつくる |
| 七六三 | 七十六さい | 唐招提寺《とうしょうだいじ》でなくなる |

## この本《ほん》について

『よんで　しらべて　時代《じだい》がわかる　ミネルヴァ日本《にほん》歴史《れきし》人物伝《じんぶつでん》』シリーズは、日本《にほん》の歴史上《れきしじょう》のおもな人物《じんぶつ》をとりあげています。

前半《ぜんはん》は史実《しじつ》をもとにした物語《ものがたり》になっています。有名《ゆうめい》なエピソードを中心《ちゅうしん》に、その人物《じんぶつ》の人生《じんせい》や人《ひと》がらなどを楽《たの》しく知《し》ることができます。

後半《こうはん》は解説《かいせつ》になっていて、人物《じんぶつ》だけでなく、その人物《じんぶつ》が生《い》きた時代《じだい》のことも紹介《しょうかい》しています。物語《ものがたり》をよんだあとに解説《かいせつ》をよめば、より深《ふか》く日本《にほん》の歴史《れきし》を知《し》ることができます。

歴史《れきし》は少《すこ》しにがてという人《ひと》でも、絵本《えほん》をよんで楽《たの》しく学《まな》ぶことができます。歴史《れきし》に興味《きょうみ》がある人《ひと》は、解説《かいせつ》をよむことで、さらに歴史《れきし》にくわしくなれます。

### ■解説《かいせつ》ページの見《み》かた

人物《じんぶつ》についてくわしく解説《かいせつ》するページと時代《じだい》について解説《かいせつ》するページがあります。

文中《ぶんちゅう》の青《あお》い文字《もじ》は、31ページの「用語解説《ようごかいせつ》」で解説《かいせつ》しています。

写真《しゃしん》や地図《ちず》など理解《りかい》を深《ふか》める資料《しりょう》をたくさんのせています。

「もっと知《し》りたい！」では、その人物《じんぶつ》にかかわる博物館《はくぶつかん》や場所《ばしょ》、本《ほん》などを紹介《しょうかい》しています。

「豆《まめ》ちしき」では、人物《じんぶつ》のエピソードや時代《じだい》にかんする基礎知識《きそちしき》などを紹介《しょうかい》しています。

よんでしらべて時代がわかる
ミネルヴァ 日本歴史人物伝

海をこえてきた盲目の仏教僧

# 鑑真《がんじん》

監修 山岸 良二
文 西本 鶏介
絵 ひだか のり子

もくじ



ミネルヴァ書房

# 日本《にほん》の仏教《ぶっきょう》を育《そだ》てた名僧《めいそう》

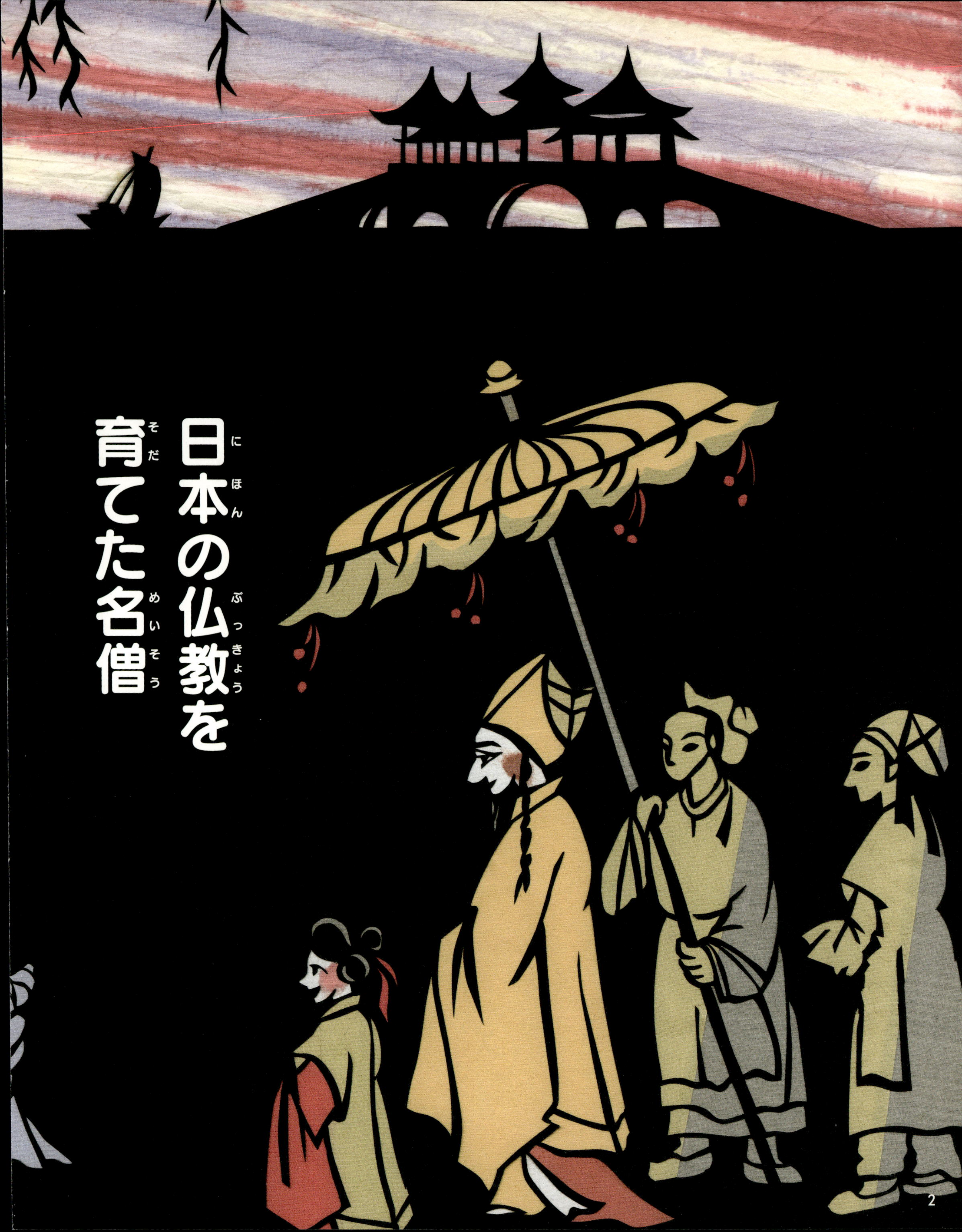

　鑑真《がんじん》は六八八年《ねん》、唐《とう》（いまの中国《ちゅうごく》）の揚州《ようしゅう》にある江陽県《こうようけん》というところで生《う》まれました。揚州《ようしゅう》は揚子江《ようすこう》（長江《ちょうこう》）からつづく大運河《だいうんが》の終点《しゅうてん》にあり、むかしから外国《がいこく》船《せん》の出入《でい》りがさかんな国際都市《こくさいとし》として発《はっ》達《たつ》してきました。港《みなと》には商品《しょうひん》をあつかう大《おお》きな店《みせ》や倉庫《そうこ》がならび、インド、イラン、朝鮮《ちょうせん》などから来《き》た人《ひと》たちが自由《じゆう》に行《い》き来《き》していました。

　鑑真《がんじん》の父《ちち》の名《な》は不明《ふめい》ですが、裕福《ゆうふく》なくらしだったらしく、熱心《ねっしん》な仏教信者《ぶっきょうしんじゃ》で、江陽県《こうようけん》にたつ大雲寺《だいうんじ》の僧《そう》から禅《ぜん》を学《まな》んでいたといいます。そのため、鑑真《がんじん》も子《こ》どものときから仏《ほとけ》をあがめ、その教《おし》えをまもってきました。

十四さいのとき、たまたま父《ちち》につれられて大雲寺《だいうんじ》へおまいりに出《で》かけました。父《ちち》は何度《なんど》もおとずれていましたが、鑑真《がんじん》が来《く》るのははじめてでした。このお寺《てら》は鑑真《がんじん》が三さいのときにたてられたりっぱな寺《てら》で、出家《しゅっけ》した少年僧《しょうねんそう》たちがたくさんはたらいていました。

本堂《ほんどう》に来《き》て仏像《ぶつぞう》をながめたとたん、じんと胸《むね》があつくなりました。その顔《かお》はまるで生《い》きているように見《み》えました。

（なんてやさしいおすがただろう。）

まるで心《こころ》があらわれたようにすみきっていき、思《おも》わず手《て》をあわせました。

（どうかわたしを仏《ほとけ》さまの弟子《でし》にしてください。一生《いっしょう》をかけて仏教《ぶっきょう》を学《まな》び、その教《おし》えを人《ひと》びとにつたえていきたいと思《おも》います。）

鑑真《がんじん》はその気持《きも》ちをすぐ父《ちち》につたえました。突然《とつぜん》のわが子《こ》の決意《けつい》に父《ちち》はおどろきました。それでもわるい気《き》はしませんでした。

かつては自分《じぶん》も若《わか》いころ、僧《そう》にあこがれたことがあったからです。父《ちち》はさっそく知《し》りあいの僧《そう》にたのんで、鑑真《がんじん》を出家《しゅっけ》（僧《そう》となること）させ、大雲寺《だいうんじ》の少年僧《しょうねんそう》のひとりにくわえてもらいました。

きびしい修行《しゅぎょう》がはじまりました。朝《あさ》はやくから夜《よる》おそくまで寺《てら》の仕事《しごと》に追《お》われ、さらにはお経《きょう》をおぼえ、仏教《ぶっきょう》の勉強《べんきょう》もしなければなりません。でも、鑑真《がんじん》は一度《いちど》とてそれを苦《くる》しいと思《おも》ったことはありませんでした。はやくも十八さいで、有名《ゆうめい》な禅師《ぜんじ》（位《くらい》の高《たか》い僧《そう》）から菩薩戒《ぼさつかい》という仏《ほとけ》のさだめた戒律《かいりつ》（僧《そう》のまもるべき規律《きりつ》）を教《おし》えてもらうことができました。やがて、長安《ちょうあん》や洛陽《らくよう》にあるお寺《てら》へ留学《りゅうがく》して勉強《べんきょう》にはげみ、とりわけ律学《りつがく》という仏教《ぶっきょう》のきまりについての研究《けんきゅう》に力《ちから》をいれました。どの師《し》も鑑真《がんじん》の仏教《ぶっきょう》に対《たい》する深《ふか》い思《おも》いと学識《がくしき》のゆたかさに感心《かんしん》し、「いまに唐《とう》でいちばんの名僧《めいそう》になるであろう。」とうわさしました。

二十六さいで故郷《こきょう》へもどった鑑真《がんじん》は、はじめての講座《こうざ》をひらき、律学《りつがく》について講義《こうぎ》しました。その教《おし》えというのは、自分《じぶん》をすてても他人《たにん》の幸《しあわ》せをねがうのが仏《ほとけ》につかえる者《もの》の使命《しめい》であり、そのためにはきびしい戒律《かいりつ》をまもって修行《しゅぎょう》し、みずからさとりをひらかなくてはならないというものです。

　年《とし》を重《かさ》ねるたびに講座《こうざ》をひらく場所《ばしょ》や回数《かいすう》も多《おお》くなり、弟子《でし》いりする人《ひと》や門下生《もんかせい》もたいへんないきおいでふえていきました。そして戒律《かいりつ》にくわしい僧《そう》として人《ひと》びとの尊敬《そんけい》を集《あつ》め、四十さいのころには唐《とう》を代表《だいひょう》する名僧《めいそう》として、鑑真《がんじん》の名《な》を知《し》らないものはいないほどでした。

そのころ、日本《にほん》でも仏教《ぶっきょう》はさかんになり、たくさんの僧《そう》が生《う》まれました。しかし、僧《そう》とは名《な》ばかりで仏《ほとけ》の教《おし》えを説《と》くどころか、僧《そう》の地位《ちい》を利用《りよう》して悪事《あくじ》をはたらく者《もの》も少《すく》なくありませんでした。仏教《ぶっきょう》を発展《はってん》させ、安定《あんてい》した国《くに》をつくるためには、すぐれた僧《そう》を育《そだ》てなくてはなりません。それには中国《ちゅうごく》のように戒壇《かいだん》（戒律《かいりつ》をうけるところ）にのぼり、戒律《かいりつ》をうけて正式《せいしき》な僧《そう》となる必要《ひつよう》があります。

ところが、当時《とうじ》の日本《にほん》にはそんなしくみがなく、伝戒師《でんかいし》とよばれる戒律《かいりつ》をさずける僧《そう》もいなかったのです。そこで朝廷《ちょうてい》は七三三年《ねん》（天平五年《てんぴょうごねん》）、遣唐使《けんとうし》を派遣《はけん》するとき、栄叡《ようえい》・普照《ふしょう》というふたりの留学生《りゅうがくせい》に「伝戒師《でんかいし》をさがしだし、日本《にほん》へつれてかえるように」と命《めい》じました。

中国《ちゅうごく》へわたったふたりはそれから約《やく》十年《ねん》間《かん》、各地《かくち》をまわって伝戒師《でんかいし》をさがしましたが、日本《にほん》行《い》きを承知《しょうち》してくれる僧《そう》はいませんでした。

（もしかして、有名《ゆうめい》な鑑真《がんじん》さまならだれかを紹介《しょうかい》してくれるかもしれない。）

こまりはてたふたりは思《おも》いきって揚州《ようしゅう》の大明寺《だいめいじ》にいる鑑真《がんじん》をたずね、日本《にほん》の仏教《ぶっきょう》を発展《はってん》させるため、なんとか伝戒師《でんかいし》を派遣《はけん》してほしいとたのみました。だまってふたりの話《はなし》をきいていた鑑真《がんじん》は大《おお》きくうなずき、

「わかりました。なんとかしましょう。」

と、こころよくひきうけ、この話《はなし》をすぐ弟《で》子《し》たちにつたえました。しかし、ざんねんながらだれひとり自分《じぶん》が行《い》くと名《な》のりでる者《もの》がいません。いかに師《し》のたのみとはいえ、中国《ちゅうごく》から海《うみ》をわたって日本《にほん》へ行《い》くのはいのちがけの旅《たび》であり、僧《そう》が皇帝《こうてい》の許可《きょか》なく国《こく》外《がい》へ出《で》るのは困難《こんなん》だったのです。だからといって、いまさらふたりのたのみをことわ

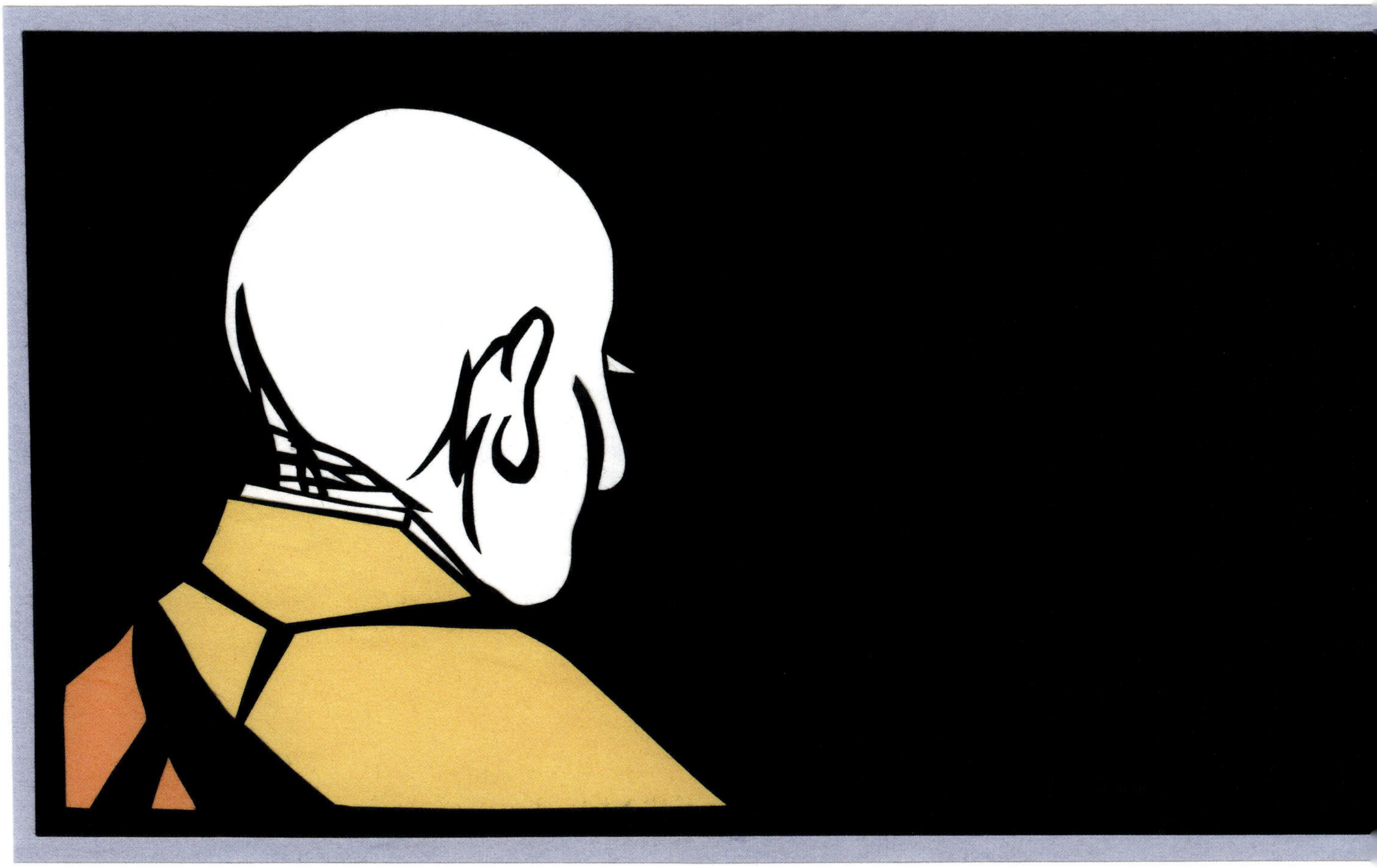

るわけにもいきません。

鑑真《がんじん》は、ふたたびたずねてきた栄叡《ようえい》と普《ふ》照《しょう》にきっぱりといいました。

「わたしが日本《にほん》へまいりましょう。」

「まさか、そんな……。」

ふたりは思《おも》わず顔《かお》を見《み》あわせました。中《ちゅう》国一《ごくいち》の名僧《めいそう》が日本《にほん》へ来《き》てくれるなんて、想《そう》像《ぞう》もしていませんでした。しかも、このとき、鑑真《がんじん》は五十五さいになっていたのです。

ふたりは、とびあがらんばかりによろこびました。やっとお国《くに》の役目《やくめ》をはたすことができるのです。

七四三年《ねん》（天平《てんぴょう》十五年《ねん》）の四月《がつ》、鑑真《がんじん》は日《に》本《ほん》へわたる計画《けいかく》をたてましたが、皇帝《こうてい》の知《し》るところとなり、失敗《しっぱい》に終《お》わりました。また、このころの海《うみ》には海賊《かいぞく》が多《おお》く、やっとあらしをのりきっても、いつかれらにつかまるかもしれません。しかし、いかなる困難《こんなん》がまちうけようと鑑真《がんじん》の決意《けつい》はかわらず、おなじ年《とし》の十二月《がつ》にふたたび渡航《とこう》の準備《じゅんび》をはじめました。翌年《よくとし》、一月《がつ》に出発《しゅっぱつ》しましたが、大《おお》あらしにあい、船《ふね》は暗《あん》しょうにのりあげ、ちかくの島《しま》へ上陸《じょうりく》するしかありませんでした。三回目《かいめ》の渡航《とこう》も僧《そう》たちから「日本《にほん》の僧《そう》、栄叡《ようえい》なるものが鑑真《がんじん》をそそのかして密航《みっこう》させようとしている」と役人《やくにん》にうったえられて失敗《しっぱい》、四回目《かいめ》も五回目《かいめ》も密告《みっこく》や船《ふね》の遭難《そうなん》によって日本《にほん》へわたることができませんでした。

鑑真《がんじん》はもはや六十二さいになっていて、第《だい》一回《かい》の渡航計画《とこうけいかく》から五年以上《ねんいじょう》もすぎていました。それから一年後《ねんご》、ついには長年《ながねん》の苦労《くろう》がわざわいして栄叡《ようえい》が病気《びょうき》でなくなりました。そればかりか、鑑真《がんじん》も目《め》が見《み》えなくなってしまったのです。心配《しんぱい》した弟子《でし》たちはなんとしても鑑真《がんじん》の日本《にほん》行《い》きをやめさせようとしました。しかし、鑑真《がんじん》の気持《きも》ちにかわりはありませんでした。

「なくなった栄叡《ようえい》のためにも日本《にほん》へ行《い》かなくてはならない。それが仏《ほとけ》さまからあたえられた最後《さいご》のおつとめだ。」

失明《しつめい》しながらも、その顔《かお》には、なんとしても日本《にほん》へ行《い》きたいという意欲《いよく》があふれていました。

七五三年《ねん》（天平勝宝《てんぴょうしょうほう》五年《ねん》）、ついに六回目《かいめ》の渡航《とこう》を決意《けつい》しました。前《まえ》の年《とし》、遣唐使《けんとうし》として唐《とう》へ来《き》ていた藤《ふじ》原清河《わらのきよかわ》から、帰《かえ》りの船《ふね》で日本《にほん》へ行《い》くようにすすめられたのです。よろこんだ鑑真《がんじん》は揚州《ようしゅう》から船《ふね》にのり、遣唐《けんとう》使《し》の船《ふね》がまつ蘇州《そしゅう》の港《みなと》へ行《い》きました。四せきの遣唐使船《けんとうしせん》のひとつに鑑《がん》真《じん》一行《いっこう》を乗船《じょうせん》させてほっとしたのもつかのま、またも役人《やくにん》に知《し》られ、全《ぜん》員下船《いんげせん》させられてしまいました。

（この機会《きかい》をうしなえば、永久《えいきゅう》に鑑《がん》真《じん》さまを日本《にほん》へつれていけなくなる。とにかく船《ふね》にのせることだ。）

そう考《かんが》えた遣唐使《けんとうし》のひとりの大伴《おおとも》古麻呂《こまろ》は、だれにも相談《そうだん》せず、鑑真《がんじん》

たちをこっそりと自分《じぶん》の船《ふね》にのせました。そして無事《ぶじ》に東《ひがし》シナ海《かい》へのりだした遣唐使船《けんとうしせん》はその年《とし》の十二月《がつ》、阿児奈波島《あこなはじま》（いまの沖縄本島《おきなわほんとう》）へとたどりつくことができたのです。

一行《いっこう》はここでしばらく停泊《ていはく》したあと、多禰島《たねのしま》（いまの種子島《たねがしま》）、益救島《やくのしま》（いまの屋久島《やくしま》）をへて薩摩国《さつまのくに》の秋妻屋浦《あきめやうら》（いまの鹿児島県南《かごしまけんみなみ》さつま市《し》）の港《みなと》へ着《つ》きました。

「やっと日本《にほん》の土《つち》をふむことができたぞ。」

鑑真《がんじん》は、そうつぶやくと見《み》えぬ目《め》で海《うみ》をながめ、胸《むね》いっぱい海風《うみかぜ》をすいこみました。

こうして、日本《にほん》へやってきた鑑《がん》真《じん》は七五四年《ねん》（天平勝宝《てんぴょうしょうほう》六年《ねん》）、奈良《なら》の都《みやこ》・平城京《へいじょうきょう》に到着《とうちゃく》して、天《てん》皇《のう》や貴族《きぞく》たちから大歓迎《だいかんげい》をうけました。

鑑真《がんじん》はさっそく東大寺《とうだいじ》に入《はい》って仮設《かせつ》の戒壇《かいだん》をつくり、天皇《てんのう》をはじめとして多《おお》くの僧《そう》たちに戒律《かいりつ》をさずけました。翌年《よくとし》にはあらためて東大寺戒壇堂《とうだいじかいだんどう》をつくりました。そのあとも戒律《かいりつ》の普及《ふきゅう》につとめて、七五六年《ねん》（天平勝宝《てんぴょうしょうほう》八年《ねん》）には大《だい》僧都《そうず》に任《にん》ぜられました。その二年《ねん》後《ご》には大和上《だいわじょう》の尊号《そんごう》をあたえられました。

当時《とうじ》の日本《にほん》にあったお経《きょう》には、まちがった字《じ》が多《おお》く、それを正《ただ》しくなおせる人《ひと》はいませんでした。鑑真《がんじん》は目《め》が見《み》えなくても正《ただ》しいお経《きょう》を暗唱《あんしょう》できたので、そのまちがいをなおせました。

また美術《びじゅつ》・彫刻《ちょうこく》・建築《けんちく》にもくわしく、とりわけ薬草《やくそう》の知識《ちしき》がゆたかで、においだけで、なんの薬草《やくそう》かみごとにいいあてられたといいます。聖武太上天皇《しょうむだいじょうてんのう》や光明皇太后《こうみょうこうたいごう》が病気《びょうき》になったときには、鑑真《がんじん》のすすめる薬草《やくそう》がとてもよくきいたそうです。

七五九年《ねん》（天平宝字《てんぴょうほうじ》三年《ねん》）、鑑真《がんじん》は朝廷《ちょうてい》から土地《とち》をあたえられ、そこに唐《とう》招提寺《しょうだいじ》というお寺《てら》をつくりました。そのお寺《てら》はいまも奈良市《ならし》五条町《ごじょうちょう》にあり、律宗《りっしゅう》の総本山《そうほんざん》として知《し》られています。

鑑真《がんじん》によって戒律《かいりつ》をうけた正式《せいしき》の僧《そう》やすぐれた弟子《でし》たちがつぎつぎと育《そだ》ち、日本《にほん》の仏教《ぶっきょう》は大《おお》きく発展《はってん》していきました。

しかし、いかに名僧《めいそう》の鑑真《がんじん》とて永遠《えいえん》に生《い》きることはできません。七六三年《ねん》（天平宝字《てんぴょうほうじ》七年《ねん》）、病気《びょうき》でたおれ、七十六さいでこの世《よ》をさりました。西方浄土《さいほうじょうど》のほうに顔《かお》をむけ、座禅《ざぜん》を組《く》んだまま、しずかに息《いき》をひきとったといわれています。なくなったあとも体温《たいおん》が感《かん》じられ、火《か》葬《そう》にしたときには、とてもよい香《かお》りがあたりにみちたそうです。

日本《にほん》へ来《き》たまま一度《いちど》も中国《ちゅうごく》へもどらなかった鑑真《がんじん》ですが、その死《し》がつたわると、揚州《ようしゅう》にあるたくさんの寺《てら》ではみんな喪服《もふく》を着《き》て東《ひがし》にむかい、手《て》をあわせたあと、大追《だいつい》悼会《とうえ》をひらいたといわれています。

# 鑑真《がんじん》ってどんな人《ひと》？

唐《とう》から日本《にほん》にやってきた僧侶《そうりょ》・鑑真《がんじん》とは、どんな人《ひと》だったのでしょうか。

## 十四さいで開眼《かいがん》、仏門《ぶつもん》に入《はい》る

鑑真《がんじん》は六八八年《ねん》、揚州《ようしゅう》（いまの中華《ちゅうか》人民共和国江蘇省《じんみんきょうわこくこうそしょう》）の裕福《ゆうふく》な家《いえ》の息子《むすこ》として生《う》まれたといわれます。くわしいことはよくわかっていませんが、十四さいのときに仏教《ぶっきょう》にであって出家《しゅっけ》したとつたわります。

鑑真《がんじん》が学《まな》んだのは、僧《そう》がまもらなければならない掟《おきて》「戒律《かいりつ》」でした。十八さいで菩薩戒《ぼさつかい》という戒律《かいりつ》を学《まな》び、二十さいから二十六さいまで、唐《とう》の都《みやこ》・長安《ちょうあん》や洛陽《らくよう》で戒律《かいりつ》の研究《けんきゅう》をつづけました。二十一さいのときには最高《さいこう》の戒律《かいりつ》である「具足戒《ぐそくかい》」をおさめました。

学問僧《がくもんそう》として一人前《いちにんまえ》になった鑑真《がんじん》は故郷《こきょう》にもどり、大勢《おおぜい》の弟子《でし》を教《おし》え、たくさんの寺《てら》を建立《こんりゅう》しました。鑑真《がんじん》は戒《かい》律研究《りつけんきゅう》の専門家《せんもんか》として、ならぶ者《もの》がないほどの高僧《こうそう》になり、伝戒師《でんかいし》（戒律《かいりつ》をさずけることができる僧侶《そうりょ》）として尊《そん》敬《けい》を集《あつ》めるようになりました。

688～763年《ねん》

日本《にほん》への渡航《とこう》をこころみるが５回失敗《かいしっぱい》。日本《にほん》に仏教《ぶっきょう》を正《ただ》しくつたえるため、目《め》が見《み》えなくなってもあきらめず、６回目《かいめ》で渡日《とにち》に成功《せいこう》。（「鑑真和上坐像《がんじんわじょうざぞう》」東大寺所蔵《とうだいじしょぞう》）

鑑真《がんじん》の生涯《しょうがい》を絵巻物《えまきもの》にした『東征伝絵巻《とうせいでんえまき》』から。鑑真《がんじん》（少年《しょうねん》）が出家《しゅっけ》のために髪《かみ》をそられているところ。（唐招提寺所蔵《とうしょうだいじしょぞう》）

料金受取人払郵便

山科支店承認

46

差出有効期間
平成25年4月
20日まで

郵便はがき

607-8790

（受　取　人）
京都市山科区
日ノ岡堤谷町1番地

㈱ミネルヴァ書房
読者アンケート係 行

◆ 以下のアンケートにお答え下さい。

お求めの
書店名＿＿＿＿＿＿＿＿市区町村＿＿＿＿＿＿＿＿＿＿＿＿＿＿書店

＊ この本をどのようにしてお知りになりましたか？ 以下の中から選び、3つまで○をお付け下さい。

A.広告（　　　）を見て　B.店頭で見て　C.知人・友人の薦め
D.著者ファン　E.図書館で借りて　F.教科書として
G.ミネルヴァ書房図書目録　H.ミネルヴァ通信
I.書評（　　　）をみて　J.講演会など　K.テレビ・ラジオ
L.出版ダイジェスト　M.これから出る本　N.他の本を読んで
O.DM　P.ホームページ（　　　　　　）をみて
Q.書店の案内で　R.その他（　　　　　　）

書 名 お買上の本のタイトルをご記入下さい。

◆ 上記の本に関するご感想、またはご意見・ご希望などお書き下さい。
「ミネルヴァ通信」での採用分には図書券を贈呈いたします。

◆ よく読む分野(ご専門)について、3つまで○をお付け下さい。

1.哲学・思想　2.宗教　3.歴史・地理　4.政治・法律
5.経済　6.経営　7.教育　8.心理　9.社会福祉
10.高齢者問題　11.女性・生活科学　12.社会学　13.文学・評論
14.医学・家庭医学　15.自然科学　16.その他（　　　　）

〒

ご住所　Tel　（　　　）

年齢　性別

お名前《ふりがな》　歳　男・女

ご職業・学校名
(所属・専門)

Eメール

ミネルヴァ書房ホームページ　http://www.minervashobo.co.jp/

## 高名《こうめい》な伝戒師《でんかいし》、日本《にほん》をめざす

日本《にほん》には、鑑真《がんじん》の生《う》まれる百年《ねん》ほど前《まえ》の六世紀《せいき》なかばに仏教《ぶっきょう》がつたわっていました。しかし、戒律《かいりつ》について教《おし》えられる僧侶《そうりょ》がいませんでした。そのため、僧侶《そうりょ》の中《なか》にはお金《かね》もうけをしたり、人《ひと》をだましたりする人《ひと》も多《おお》くいたのです。そこで、聖武天皇《しょうむてんのう》➡29ページは日本《にほん》の仏教《ぶっきょう》を正《ただ》すため、唐《とう》から伝戒師《でんかいし》をよぼうと、七三三年《ねん》（天平《てんぴょう》五年《ねん》）、栄叡《ようえい》と普照《ふしょう》というふたりの学問僧《がくもんそう》を、唐《とう》（中国《ちゅうごく》のむかしの国名《こくめい》）に派遣《はけん》することにしました。

遣唐使船《けんとうしせん》で唐《とう》にわたった栄叡《ようえい》と普照《ふしょう》は、日本《にほん》に来《き》てくれる伝戒師《でんかいし》をさがして唐《とう》じゅうを歩《ある》きました。そして九年《ねん》後《ご》の七四二年《ねん》（天平《てんぴょう》十四年《ねん》）、戒律《かいりつ》をさずける僧《そう》として有名《ゆうめい》な鑑《がん》真《じん》のもとをたずねたのです。日本《にほん》に来《き》てくれる弟子《でし》を鑑真《がんじん》に紹介《しょうかい》してもらうためでしたが、候補者《こうほしゃ》はあらわれませんでした。このとき鑑真《がんじん》は五十五さいになっていましたが、ついに自分《じぶん》自身《じしん》が日本《にほん》へ行《い》くことを決《けっ》意《い》します。

しかし、すぐれた伝戒師《でんかいし》としてすでに唐《とう》で広《ひろ》く知《し》られていた鑑真《がんじん》は、すぐには日本《にほん》へわたれませんでした。鑑真《がんじん》は寺《てら》で弟子《でし》たちを教《おし》えていただけでなく、まずしい人《ひと》や病気《びょうき》で苦《くる》しむ人《ひと》を助《たす》けるなど、幅広《はばひろ》い活動《かつどう》をしていたのです。

唐《とう》の仏教界《ぶっきょうかい》の重要人物《じゅうようじんぶつ》がいなくなるのはこまると、鑑真《がんじん》の弟子《でし》や唐《とう》の皇帝《こうてい》が、鑑真《がんじん》をひきとめました。出港前《しゅっこうまえ》に密告《みっこく》されて役人《やくにん》にとめられてしまったことも、栄叡《ようえい》が牢《ろう》にいれられてしまったこともありました。

日本《にほん》にわたると決《き》めた鑑真《がんじん》が、弟子《でし》たちと相談《そうだん》しているところ。鑑真《がんじん》の顔《かお》は屋根《やね》にかくれて見《み》えない。（『東征伝絵巻《とうせいでんえまき》』唐招提寺所蔵《とうしょうだいじしょぞう》）

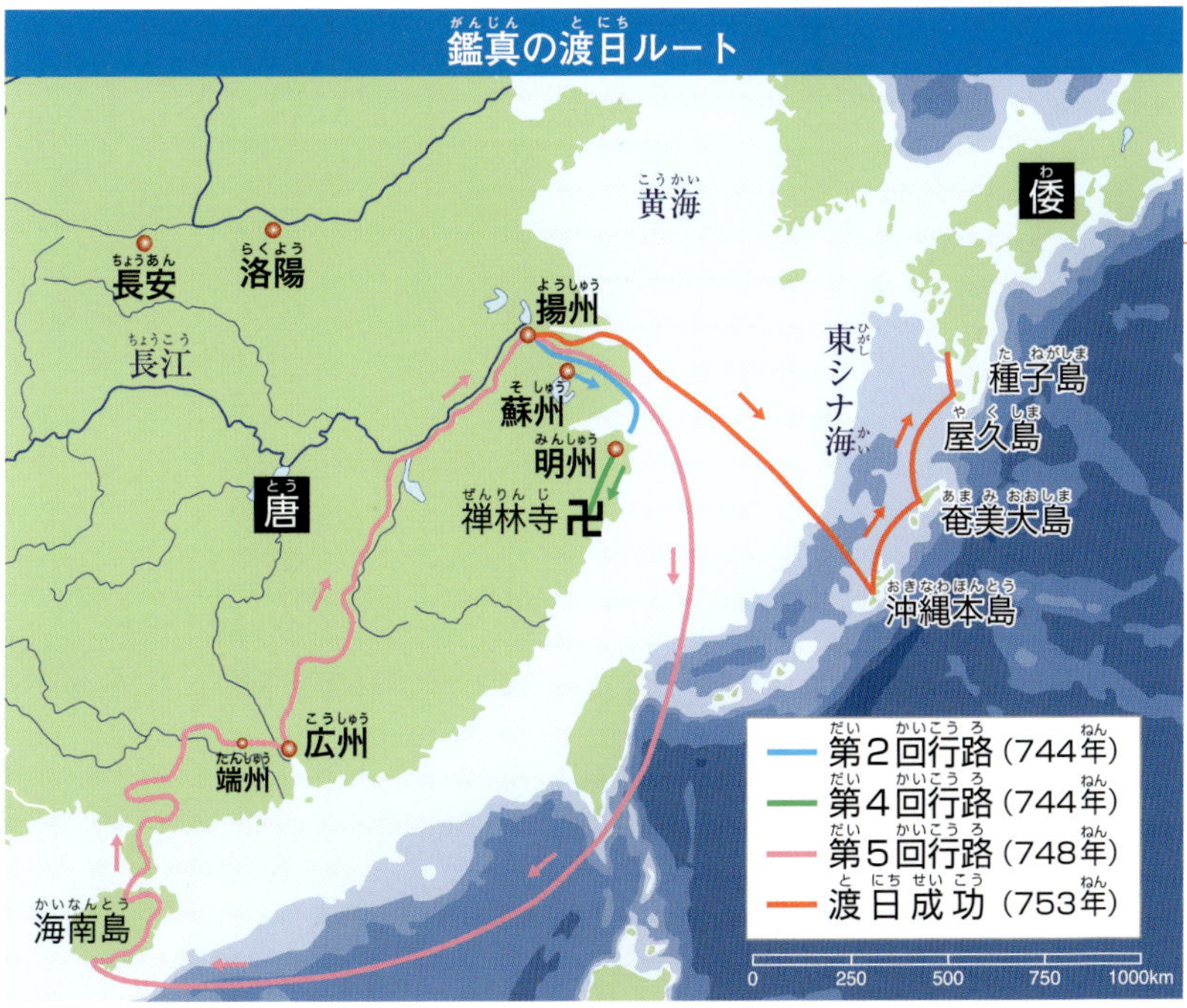


6回《かい》の渡航《とこう》のうち、1回目《かいめ》と3回目《かいめ》は出発前《しゅっぱつまえ》に妨害《ぼうがい》が入《はい》り、実行《じっこう》できなかった。

## 日本《にほん》で天皇《てんのう》に戒律《かいりつ》をさずける

役人《やくにん》にじゃまされたり、あらしにあったりして、日本《にほん》にわたろうとする鑑真《がんじん》の旅《たび》は何回《なんかい》も失敗《しっぱい》しました。五回《かい》目《め》の旅《たび》に失敗《しっぱい》したのち、鑑真《がんじん》の目《め》はたび重《かさ》なる苦労《くろう》のせいで、見《み》えなくなってしまったといいます。

5回目《かいめ》の渡航《とこう》に失敗後《しっぱいご》、揚州《ようしゅう》にもどってきた鑑真《がんじん》を752年《ねん》、遣唐使《けんとうし》・藤原清河《ふじわらのきよかわ》（右《みぎ》）が訪問《ほうもん》。日本《にほん》にぜひ来《き》てくれるようにたのんだ。（『東征伝絵巻《とうせいでんえまき》』唐招提寺所蔵《とうしょうだいじしょぞう》）

それでも鑑真《がんじん》はあきらめずに日本船《にほんせん》に密航《みっこう》、七五三年《ねん》（天平勝宝五年《てんぴょうしょうほうねん》）十二月《がつ》、六回目《かいめ》の挑戦《ちょうせん》でついに日本《にほん》に到着《とうちゃく》しました。

七五四年《ねん》（天平勝宝六年《てんぴょうしょうほうねん》）、奈良《なら》の東大寺《とうだいじ》で、戒律《かいりつ》をさずける正式《せいしき》な儀式《ぎしき》が日本《にほん》で初《はじ》めておこなわれました。鑑《がん》真《じん》の渡日《とにち》によって、やっと日本《にほん》にも正《せい》式《しき》に僧《そう》が誕生《たんじょう》したのです。このときに戒律《かいりつ》をさずかったのは僧《そう》だけでなく、**孝謙天皇《こうけんてんのう》**や聖武太上天皇《しょうむだいじょうてんのう》、**光明皇太后《こうみょうこうたいごう》**など四百人《にん》とつたえられています。このことからも、鑑真《がんじん》がどんなに日本《にほん》で尊敬《そんけい》されていたかがわかります。

そのあとも、鑑真《がんじん》は授戒式《じゅかいしき》をおこなうための戒壇院《かいだんいん》を、**東大寺《とうだいじ》**をはじめ、観世音寺《かんぜおんじ》（福《ふく》岡県《おかけん》太宰府市《だざいふし》）や薬師寺《やくしじ》（栃木県《とちぎけん》下野《しもつけ》市《し》）につくり、仏教僧《ぶっきょうそう》に正《ただ》しい戒律《かいりつ》が広《ひろ》まるように、力《ちから》をつくしました。

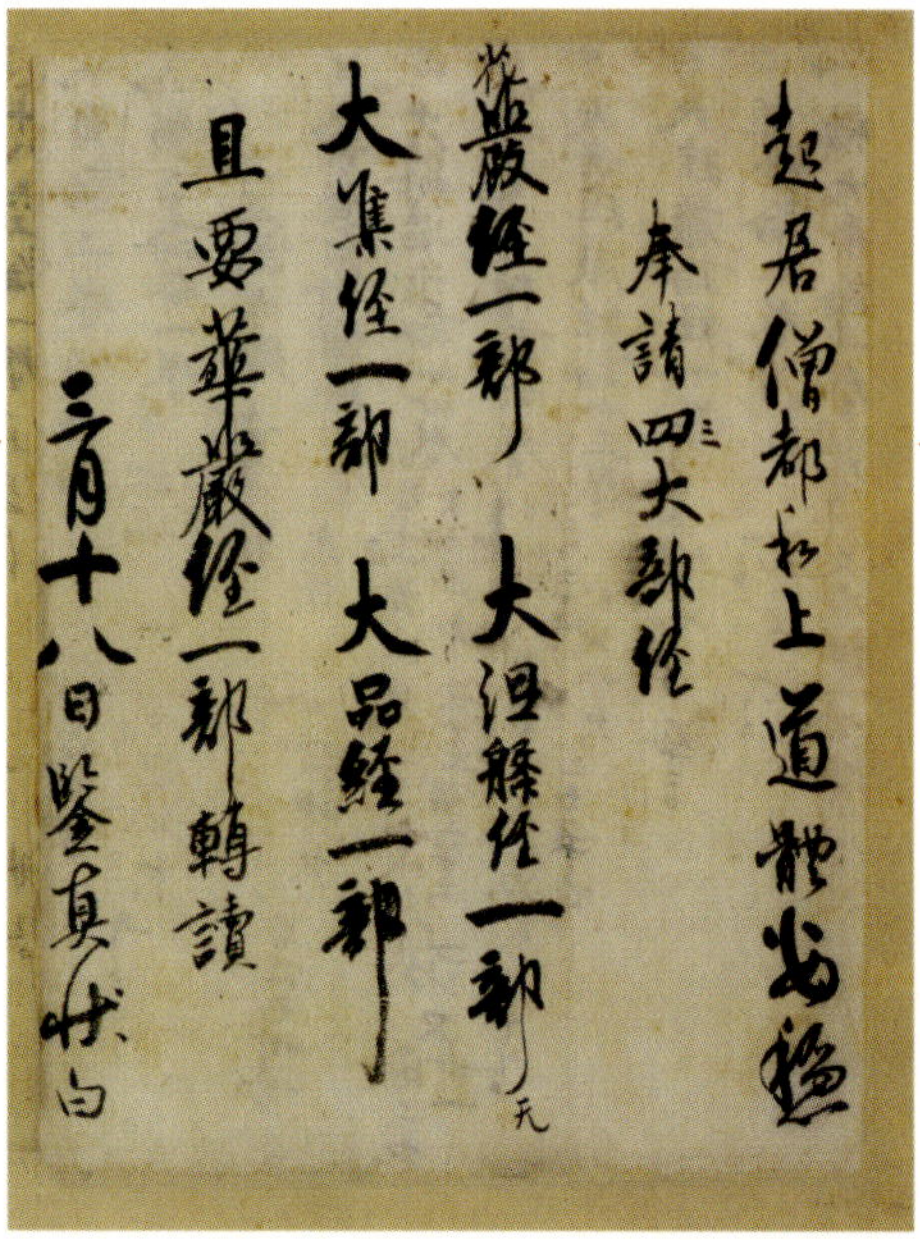

起居僧都和上道體安穩
奉請四大部經
花嚴經一部　大涅槃經一部
大集經一部　大品經一部
且要華嚴經一部轉讀
二月十八日鑑真状白

渡日《とにち》1か月後《げつご》に鑑真《がんじん》がかいた手紙《てがみ》。左下《ひだりした》に「鑒真《がんじん》（鑑真《がんじん》）」の署名《しょめい》が見《み》える。（「鑑真奉請経《がんじんほうせいきょう》巻状《かんじょう》」正倉院所蔵《しょうそういんしょぞう》　奈良国立博物館編集《ならこくりつはくぶつかんへんしゅう》・発行《はっこう》　図録《ずろく》『正倉院展六十回《しょうそういんてんろくじゅっかい》のあゆみ』より）

東大寺戒壇堂《とうだいじかいだんどう》。755年《ねん》に日本《にほん》ではじめて正式《せいしき》な授戒《じゅかい》をおこなう場所《ばしょ》としてたてられた。

763年《ねん》、鑑真《がんじん》が西《にし》にむかって座禅《ざぜん》をくんだまま、しずかに息《いき》をひきとったところ。**画面中央《がめんちゅうおう》が鑑真《がんじん》**。（『東征伝絵巻《とうせいでんえまき》』唐招提寺所蔵《とうしょうだいじしょぞう》）

## ゆたかな知識《ちしき》で人《ひと》びとを助《たす》ける

七五八年《ねん》（天平宝字《てんぴょうほうじ》二年《ねん》）、鑑真《がんじん》は東大寺《とうだいじ》での役目《やくめ》を終《お》えて、自由《じゆう》に戒律《かいりつ》を教《おし》えられるようになりました。そこで七五九年《ねん》（天平宝字《てんぴょうほうじ》三年《ねん》）、戒律《かいりつ》を教《おし》えるための学校《がっこう》として**唐招提寺《とうしょうだいじ》**をたてました。このとき、鑑真《がんじん》は七十二さいになっていました。

それから四年間《ねんかん》、鑑真《がんじん》は唐《とう》にいたときとおなじようにはたらきつづけました。戒律《かいりつ》はもちろん、仏教《ぶっきょう》や経典《きょうてん》を教《おし》えるばかりでなく、光明皇太后《こうみょうこうたいごう》がつくった**悲田院《ひでんいん》**で、まずしい人《ひと》や病気《びょうき》の人《ひと》たちを助《たす》けました。薬草《やくそう》についての知識《ちしき》もたいへん豊富《ほうふ》で、光明皇太后《こうみょうこうたいごう》が病気《びょうき》になったときには、薬《くすり》をつくりました。

七六三年《ねん》（天平宝字《てんぴょうほうじ》七年《ねん》）、鑑真《がんじん》は、仏《ほとけ》の世界《せかい》があるという西《にし》にむかって座《ざ》禅《ぜん》をくんだまま、しずかに息《いき》をひきとったとつたわっています。このとき、鑑真《がんじん》は七十六さいで、日本《にほん》にわたってきてから、十年目《ねんめ》でした。いまも、唐招提寺《とうしょうだいじ》に鑑真《がんじん》の墓《はか》があります。

**豆《まめ》ちしき**

### えがかれた鑑真《がんじん》の一生《いっしょう》

いまから一二〇〇年《ねん》以上《いじょう》も前《まえ》に生《い》きていた鑑真《がんじん》の生涯《しょうがい》を、いまでも私《わたし》たちが知《し》ることができるのは、いくつかの資料《しりょう》がのこっているからです。

一番古《いちばんふる》いものは『**唐大和上東征伝《とうだいわじょうとうせいでん》**』です。作者《さくしゃ》の**淡海三船《おうみのみふね》**は奈良時代《ならじだい》の人《ひと》で、当時《とうじ》の有名《ゆうめい》な文学者《ぶんがくしゃ》でした。書物《しょもつ》をよんだり、書《しょ》をかいたりすることにすぐれていました。そこで、鑑真《がんじん》といっしょに唐《とう》からわたってきた弟子《でし》のひとりが、鑑真《がんじん》の伝記《でんき》をかいてくれるようにと淡海《おうみ》にたのんだのです。

十三世紀末《せいきまつ》の鎌倉時代《かまくらじだい》には、『唐大和《とうだいわ》上東征伝《じょうとうせいでん》』の内容《ないよう》を絵《え》にした『東征伝《とうせいでん》絵巻《えまき》』がかかれました。22～25ページで紹介《しょうかい》している絵《え》です。鑑真《がんじん》が出家《しゅっけ》したところや、日本《にほん》からやってきた栄叡《ようえい》と普照《ふしょう》にあった場面《ばめん》など、鑑真《がんじん》の人生《じんせい》が五巻《かん》にわたってえがかれています。

# 遣唐使《けんとうし》ってどんな仕事《しごと》?

**鑑真《がんじん》を唐《とう》からつれてきた遣唐《けんとう》使《し》とは、どんな仕事《しごと》をする人《ひと》だったのでしょうか。**

## 正式《せいしき》な仏教《ぶっきょう》や異文化《いぶんか》を輸入《ゆにゅう》

聖徳太子《しょうとくたいし》が推古天皇《すいこてんのう》の政《まつりごと》を助《たす》けていた飛鳥時代《あすかじだい》のころの日本《にほん》は、となりの隋《ずい》（いまの中国《ちゅうごく》）にくらべて、文化《ぶんか》的《てき》におくれている国《くに》でした。国《くに》としての制度《せいど》や法律《ほうりつ》なども整《ととの》っていませんでした。そこで、聖徳太子《しょうとくたいし》は日本《にほん》から使《し》者《しゃ》を隋《ずい》におくり（遣隋使《けんずいし》）、隋《ずい》から国《くに》の制度《せいど》や法律《ほうりつ》などを学《まな》ばせて、日本《にほん》の政治《せいじ》にとりいれていきました。

隋《ずい》がほろんで唐《とう》の時代《じだい》になると、推古天皇《すいこてんのう》の次《つぎ》の舒明天皇《じょめいてんのう》も遣唐《けんとう》使《し》をおくって、唐《とう》だけでなく周辺《しゅうへん》の国《くに》のさまざまな文化《ぶんか》も輸入《ゆにゅう》しました。仏教《ぶっきょう》をあつく信仰《しんこう》していた聖武天皇《しょうむてんのう》の時代《じだい》には、正《せい》式《しき》な仏教《ぶっきょう》の儀式《ぎしき》や経典《きょうてん》などが唐《とう》からつたわりました。

六三〇年《ねん》にはじまり、八九四年《ねん》（寛《かん》平《ぴょう》六年《ねん》）に廃止《はいし》されるまで、遣唐使《けんとうし》は十六回《かい》おくられました。遣唐使《けんとうし》などの役人《やくにん》のほか、留学生《りゅうがくせい》、学問僧《がくもんそう》など、一回《かい》に百人《にん》から、多《おお》いときは六百人以上《にんいじょう》もの人《ひと》をのせて、遣唐使船《けんとうしせん》は唐《とう》と日本《にほん》の間《あいだ》を行《い》き来《き》したのです。

遣唐使船《けんとうしせん》は難波津《なにわづ》（大阪《おおさか》）から出発《しゅっぱつ》し、順調《じゅんちょう》なら8日《ようか》ほどで中国大陸《ちゅうごくたいりく》についた。写真《しゃしん》は復元《ふくげん》された遣唐使船《けんとうしせん》。（資料提供《しりょうていきょう》：長門《ながと》の造《ぞう》船歴史館《せんれきしかん》）

**おもな遣唐使《けんとうし》**

| 出発年《しゅっぱつねん》 | 遣唐使名《けんとうしめい》 |
|---|---|
| 717年《ねん》 | 吉備真備《きびのまきび》（のちに学者《がくしゃ》・右大臣《うだいじん》となる） |
| | 阿倍仲麻呂《あべのなかまろ》（唐《とう》で役人《やくにん》に。唐《とう》で死亡《しぼう》） |
| 733年《ねん》 | 栄叡《ようえい》・普照《ふしょう》（伝戒師《でんかいし》を見《み》つけてつれかえるため） |
| 752年《ねん》 | 藤原清河《ふじわらのきよかわ》（唐《とう》で役人《やくにん》に。唐《とう》で死亡《しぼう》） |
| | 吉備真備《きびのまきび》（翌年《よくとし》に帰国《きこく》する船《ふね》で鑑真《がんじん》をつれかえる） |
| 804年《ねん》 | 空海《くうかい》（真言密教《しんごんみっきょう》を広《ひろ》める） |
| | 最澄《さいちょう》（日本天台宗《にほんてんだいしゅう》の開祖《かいそ》となる） |

# いのちがけの船旅《ふなたび》

遣唐使船《けんとうしせん》とはいっても、当時《とうじ》の船《ふね》は小《ちい》さかったため、唐《とう》と日本《にほん》を行《い》き来《き》する旅《たび》は危険《きけん》なものでした。途中《とちゅう》であらしにあって船《ふね》が沈没《ちんぼつ》することも、よくあったのです。また、ぶじに唐《とう》に着《つ》いても、次《つぎ》の遣唐使船《けんとうしせん》が来《く》るまで留学生《りゅうがくせい》や学問僧《がくもんそう》は日本《にほん》には帰《かえ》れません。

鑑真《がんじん》が日本《にほん》にわたったときも、全員《ぜんいん》が日本《にほん》までたどり着《つ》いたわけではありませんでした。遣唐使《けんとうし》と鑑真《がんじん》たちは四せきの船《ふね》にわかれてのったのですが、遣唐使《けんとうし》の藤原清河《ふじわらのきよかわ》↓29ページと留学生《りゅうがくせい》の阿倍仲麻呂《あべのなかまろ》がのった船《ふね》は、暴風《ぼうふう》のために唐《とう》にひきかえすことになりました。

仲麻呂《なかまろ》は日本《にほん》に帰《かえ》る遣唐使船《けんとうしせん》にのる前《まえ》に、一首《しゅ》の歌《うた》をよんでいます。

あまのはら　ふりさけみれば
かすがなる　みかさのやまに
いでしつきかも

十三世紀《せいき》にまとめられた『小倉百人一首《おぐらひゃくにんいっしゅ》』にも入《はい》っている有名《ゆうめい》な歌《うた》です。「夜空《よぞら》を見《み》あげると美《うつく》しい月《つき》が出《で》ています。あれは日本《にほん》にいたときに見《み》た、春日《かすが》にある三笠山《みかさやま》からのぼった月《つき》とおなじ月《つき》なのですねぇ」と、故郷《こきょう》をなつかしむ歌《うた》です。

しかし、仲麻呂《なかまろ》は日本《にほん》に帰《かえ》ることができず、唐《とう》でなくなりました。

遣唐使《けんとうし》を見《み》おくる家族《かぞく》。当時《とうじ》はぶじに唐《とう》から帰《かえ》ってこられるかどうか、わからない時代《じだい》だった。
（「遣唐使《けんとうし》」安田靫彦《やすだゆきひこ》　1900年《ねん》　個人蔵《こじんぞう》）

豆《まめ》ちしき

## 日本仏教《にほんぶっきょう》に大《おお》きな影響《えいきょう》

鑑《がん》真《じん》の業績《ぎょうせき》は戒律《かいりつ》をつたえたことだけではありません。鑑真《がんじん》は若《わか》いころ、天台宗《てんだいしゅう》を学《まな》んでいたので、唐《とう》から日本《にほん》へもってきた経巻《きょうかん》や巻物《まきもの》には、天台宗《てんだいしゅう》の書物《しょもつ》もありました。

これらの書物《しょもつ》をよみ、天台宗《てんだいしゅう》が優《すぐ》れた宗派《しゅうは》であることを知《し》り、平安時代《へいあんじだい》に学問僧《がくもんそう》として唐《とう》にわたったのが最澄《さいちょう》です。最澄《さいちょう》は天台山《てんだいさん》で学《まな》び、八〇五年《ねん》（延暦《えんりゃく》二十四年《ねん》）に帰国《きこく》しました。そして、比叡山延暦寺《ひえいざんえんりゃくじ》を本山《ほんざん》として日本天台宗《にほんてんだいしゅう》をおこしました。

最澄《さいちょう》とおなじ遣唐使船《けんとうしせん》で留学《りゅうがく》し、のちに真言宗《しんごんしゅう》を広《ひろ》めた空海《くうかい》（弘法大師《こうぼうだいし》）も、最澄《さいちょう》とともに平安仏教《へいあんぶっきょう》をもりたてました。鑑真《がんじん》はその後《ご》の日本《にほん》の仏教《ぶっきょう》にも、大《おお》きな影響《えいきょう》をあたえたのです。

# 鑑真《がんじん》がやってきた

# 奈良時代《ならじだい》

**奈良時代《ならじだい》は、大陸《たいりく》のめずらしい文化《ぶんか》を進《すす》んで吸収《きゅうしゅう》した、国際色《こくさいしょく》ゆたかな時代《じだい》でした。**

東大寺《とうだいじ》の大仏《だいぶつ》は、仏教《ぶっきょう》で国《くに》をまとめようとした聖武天皇《しょうむてんのう》によってつくられた。

（「盧舎那仏坐像《るしゃなぶつざぞう》」東大寺所蔵《とうだいじしょぞう》）

平城宮《へいじょうきゅう》の正面玄関《しょうめんげんかん》・朱雀門《すざくもん》。写真《しゃしん》は710年《ねん》にたてられたものの復元《ふくげん》。

（写真提供《しゃしんていきょう》：奈良文化財研究所《ならぶんかざいけんきゅうしょ》）

## 仏教《ぶっきょう》で国《くに》を平和《へいわ》にする

七一〇年《ねん》（和銅《わどう》三年《ねん》）から七八四年《ねん》（延暦《えんりゃく》三年《ねん》）は、奈良《なら》に都《みやこ》（平城京《へいじょうきょう》）が置《お》かれたことから「奈良時代《ならじだい》」とよばれています。平城京《へいじょうきょう》は赤《あか》くぬった柱《はしら》をもつ建物《たてもの》がたちならぶ美《うつく》しい都《みやこ》でしたが、この時代《じだい》は飢饉《ききん》やはやり病《やまい》がたびたびおこって、人《ひと》びとは飢《う》えや病気《びょうき》に苦《くる》しんでいました。

そんななかで、**長屋王《ながやおう》の変《へん》**、**藤原広嗣《ふじわらのひろつぐ》の乱《らん》**などがおこります。天皇家《てんのうけ》の後継者争《こうけいしゃあらそ》いや、古《ふる》い勢力《せいりょく》である橘氏《たちばなし》らの豪族《ごうぞく》と、新《あたら》しい勢力《せいりょく》である藤原氏《ふじわらし》の権力争《けんりょくあらそ》いがつづき、世《よ》の中《なか》はみだれていきました。

そこで、七二四年《ねん》（神亀元年《じんきがんねん》）に天皇《てんのう》の地位《ちい》についた聖武天皇《しょうむてんのう》は、仏教《ぶっきょう》で人《ひと》びとの心《こころ》をひとつにして国《くに》をおさめようと、東大寺《とうだいじ》に大仏《だいぶつ》をつくることにしました。また、唐《とう》から鑑真《がんじん》をまねき、正式《せいしき》な仏教《ぶっきょう》を広《ひろ》めようとしました。

鑑真《がんじん》は伝戒師《でんかいし》として必要《ひつよう》とされていただけでなく、国《くに》を平和《へいわ》にするための役割《やくわり》も期待《きたい》されていました。

## 国際色《こくさいしょく》ゆたかな輸入品《ゆにゅうひん》

奈良時代《ならじだい》には、日本《にほん》は遣唐使《けんとうし》だけでなく、朝鮮半島《ちょうせんはんとう》にある新羅《シルラ》（新羅《しらぎ》）や渤海《ぼっかい》にも使者《ししゃ》をおくりました。

紀元前《きげんぜん》から地中海《ちちゅうかい》と中国《ちゅうごく》をむすんでいた交易路《こうえきろ》「シルクロード」が、日本《にほん》までつながったのもこのころです。唐《とう》人《じん》、新羅人《しらぎじん》、インド人《じん》、ペルシャ人《じん》などが日本《にほん》にわたってきて、仏教《ぶっきょう》のほか、音楽《おんがく》や芸能《げいのう》、娯楽《ごらく》、医学《いがく》などをつたえました。

奈良《なら》の正倉院《しょうそういん》には、この時代《じだい》に外国《がいこく》から運《はこ》ばれてきた楽器《がっき》やすごろく盤《ばん》、香木《こうぼく》や器《うつわ》などが保存《ほぞん》されています。唐《とう》はさまざまな国《くに》と地つづきだったので、いろいろな国《くに》のものが入《はい》ってきました。それが、日本《にほん》にも運《はこ》ばれてきたのです。

奈良時代《ならじだい》は唐《とう》やその周辺《しゅうへん》の国《くに》ぐにから新《あたら》しいもの、めずらしいものなどを進《すす》んでとりいれた、国際色《こくさいしょく》がゆたかな時代《じだい》だったのです。

5～6世紀《せいき》ごろのペルシャ（いまのイラン）でつくられたガラスの「白瑠璃碗《はくるりのわん》」。（正倉院所蔵《しょうそういんしょぞう》　奈良国立博物館編集《ならこくりつはくぶつかんへんしゅう》・発行《はっこう》　図録《ずろく》『正倉院展六十回《しょうそういんてんろくじゅっかい》のあゆみ』より）

ぜいたくなすごろく盤《ばん》「木画紫檀双六局《もくがしたんのすごろくきょく》」。もようとして象牙《ぞうげ》などがはめこまれている。（正倉院所蔵《しょうそういんしょぞう》　奈良国立博物館編集《ならこくりつはくぶつかんへんしゅう》・発行《はっこう》　図録《ずろく》『正倉院展六十回《しょうそういんてんろくじゅっかい》のあゆみ』より）

## 鑑真《がんじん》とおなじ時代《じだい》に生《い》きた人《ひと》びと

### 聖武天皇《しょうむてんのう》（七〇一～七五六年《ねん》）

七二四年《ねん》（神亀元年《じんきがんねん》）から七四九年《ねん》（天平勝宝元年《てんぴょうしょうほうがんねん》）まで日本《にほん》をおさめた天皇《てんのう》。仏教《ぶっきょう》への信仰《しんこう》があつく、仏教《ぶっきょう》で国《くに》をまとめようと東大寺《とうだいじ》の大仏《だいぶつ》を建《こん》立《りゅう》、唐《とう》へ伝戒師《でんかいし》をまねくための使《つか》いを出《だ》した。七四九年《ねん》、むすめの阿倍内親王《あべのないしんのう》（孝謙天皇《こうけんてんのう》）に天皇《てんのう》の位《くらい》をゆずって出家《しゅっけ》、太上天皇《だいじょうてんのう》となる。渡日《とにち》した鑑真《がんじん》から菩薩戒《ぼさつかい》をうけた。死後《しご》、身《み》のまわりの道具《どうぐ》は正倉院《しょうそういん》におさめられた。

### 藤原清河《ふじわらのきよかわ》（？～七七八年《ねん》）

七五二年《ねん》（天平勝宝四年《てんぴょうしょうほうよねん》）に遣唐使《けんとうし》として吉備真備《きびのまきび》らと唐《とう》にわたり、第六代《だい》の唐《とう》の皇帝玄宗《こうていげんそう》にあう。帰《かえ》りの遣唐使船《けんとうしせん》があらしにあって日本《にほん》に帰《かえ》れず、唐《とう》にもどった。唐《とう》の朝廷《ちょうてい》の役人《やくにん》となり、皇帝《こうてい》に信頼《しんらい》された。そのまま唐《とう》でなくなった。

# もっと知《し》りたい！ 鑑真《がんじん》

鑑真《がんじん》が生《い》きた時代《じだい》の暮《く》らしや、遣唐《けんとう》使《し》のことがわかる歴史館《れきしかん》などを紹《しょう》介《かい》します。

資料《しりょう》館《かん》 博物《はくぶつ》館《かん》

史跡《しせき》 遺跡《いせき》

鑑真《がんじん》についてかかれた本《ほん》

## 平城宮跡《へいじょうきゅうせき》資料館《しりょうかん》

平城宮《へいじょうきゅう》は、平城京《へいじょうきょう》の北《きた》の端《はし》にあった天皇《てんのう》のすまい。宮跡《きゅうせき》には朱雀門《すざくもん》、大極殿《だいごくでん》などが復元《ふくげん》された。史跡《しせき》の入口《いりぐち》に資料館《しりょうかん》がある。

〒630-8003

奈良県奈良市佐紀町《ならけんならしさきちょう》

☎0742-30-6752

http://www.nabunken.go.jp/heijo/museum/

平城宮跡《へいじょうきゅうあと》から見《み》つかった、当時《とうじ》の役人《やくにん》がつかっていたと思《おも》われる机《つくえ》と文具《ぶんぐ》。

平城宮跡《へいじょうきゅうあと》の発掘《はっくつ》は、江戸時代末《えどじだいまっ》期《き》にはじまり、いまもつづいている。発掘現場《はっくつげんば》のジオラマも見《み》られる。

## 平城京歴史館《へいじょうきょうれきしかん》

遣唐使《けんとうし》シアターや平城京《へいじょうきょう》VR《ブイアール》シアターで、遣唐使《けんとうし》の航海《こうかい》を体験《たいけん》したり、むかしの平城京《へいじょうきょう》をながめたりできる。

〒630-8012

奈良県奈良市二条大路南《ならけんならしにじょうおおじみなみ》4-6-1

☎0742-35-8201

http://heijo-kyo.com/rekishikan.html

(上《うえ》)「遣唐使《けんとうし》シアター」は、遣唐使《けんとうし》の歴史《れきし》や航海《こうかい》のようすを映像《えいぞう》で再現《さいげん》する。(下《した》)館《かん》の入口《いりぐち》には、遣唐使船《けんとうしせん》(復元《ふくげん》)が置《お》かれている。

## 唐招提寺《とうしょうだいじ》

鑑真《がんじん》が建立《こんりゅう》し、晩年《ばんねん》をすごした寺《てら》。鑑真《がんじん》が弟子《でし》に講義《こうぎ》をした講堂《こうどう》や、鑑真《がんじん》の墓所《ぼしょ》などがある。

〒630-8032

奈良県奈良市五条町《ならけんならしごじょうちょう》13-46

☎0742-33-7900

http://www.toshodaiji.jp/

## 東大寺《とうだいじ》

来日《らいにち》した鑑真《がんじん》が日本《にほん》ではじめて正式《せいしき》に戒《かい》律《りつ》をさずけ、のちの活動《かつどう》の場《ば》とした寺《てら》。国《こく》宝《ほう》とされている仏像《ぶつぞう》や建築《けんちく》なども多《おお》い。

〒630-8587

奈良県奈良市雑司町《ならけんならしぞうしちょう》406-1

☎0742-22-5511

http://www.todaiji.or.jp/

## 『天平《てんぴょう》の虹《にじ》―鑑真和上《がんじんわじょう》ものがたり』

作《さく》/中村新太郎《なかむらしんたろう》

岩崎書店《いわさきしょてん》 1980年《ねん》

鑑真《がんじん》の少年時代《しょうねんじだい》から日本《にほん》でなくなるまでをたどる時代小説《じだいしょうせつ》。迫力《はくりょく》ある物語《ものがたり》で、五回《かい》の渡航《とこう》に失敗《しっぱい》してもくじけなかった鑑真《がんじん》の信念《しんねん》をえがきだす。細《こま》かい描写《びょうしゃ》で当時《とうじ》の生《せい》活《かつ》や、時代背景《じだいはいけい》もよくわかる。

8世紀後半《せいきこうはん》の建築様式《けんちくようしき》がそのままのこされた唐招提寺《とうしょうだいじ》・金堂《こんどう》。堂内《どうない》には由緒《ゆいしょ》ある多《おお》くの仏像《ぶつぞう》が置《お》かれている。

(写真提供《しゃしんていきょう》:奈良市観光協会《ならしかんこうきょうかい》)

# さくいん・用語《ようご》解説《かいせつ》


阿倍仲麻呂《あべのなかまろ》……26、27

延暦寺《えんりゃくじ》……27

淡海三船《おうみのみふね》……25

▼大友皇子《おおとものおうじ》のひ孫《まご》で、漢詩文《かんしぶん》の才能《さいのう》があり、大学頭《だいがくのかみ》、文章博士《もんじょうはかせ》をつとめた。

『小倉百人一首《おぐらひゃくにんいっしゅ》』……27

▼藤原定家《ふじわらのていか》が優《すぐ》れた歌人《かじん》百人《にん》の歌《うた》を一首《しゅ》ずつ集《あつ》めたもの。十三世紀前半《せいきぜんはん》に成立《せいりつ》したと考《かんが》えられる。

戒壇院《かいだんいん》……24

戒律《かいりつ》……22、23、24、25、27

▼僧《そう》がまもらなければいけない掟《おきて》。寺《てら》で修行《しゅぎょう》しても、伝戒師《でんかいし》に戒律《かいりつ》をさずけてもらわなくては正式《せいしき》な僧侶《そうりょ》にはなれない。

観世音寺《かんぜおんじ》……24

吉備真備《きびのまきび》……26、29

空海《くうかい》（弘法大師《こうぼうだいし》）……26、27

遣隋使《けんずいし》……26

遣唐使《けんとうし》……24、26、27、29

孝謙天皇《こうけんてんのう》（阿倍内親王《あべのないしんのう》）……24、29

▼聖武太上天皇《しょうむだいじょうてんのう》と光明皇太后《こうみょうこうたいごう》のむすめ。七四九年《ねん》に天皇《てんのう》となり、七五八年《ねん》に退位《たいい》したが、淳仁天皇《じゅんにんてんのう》のあと、七六四年《ねん》にふたたび天皇《てんのう》の位《くらい》につき、称徳天皇《しょうとくてんのう》となった。

光明皇太后《こうみょうこうたいごう》……24、25

▼聖武天皇《しょうむてんのう》のきさき。藤原不比等《ふじわらのふひと》のむすめで、皇族以外《こうぞくいがい》ではじめて皇后《こうごう》となった女性《じょせい》。

最澄《さいちょう》……26、27

正倉院《しょうそういん》……29

聖徳太子《しょうとくたいし》……26

▼用明天皇《ようめいてんのう》の皇子《おうじ》。叔母《おば》の推古天皇《すいこてんのう》を助《たす》けて政治《せいじ》をおこない、冠位十二階《かんいじゅうにかい》、十七条《じゅうしちじょう》の憲法《けんぽう》などをつくった。

聖武天皇《しょうむてんのう》（聖武太上天皇《しょうむだいじょうてんのう》）……23、24、26、28、29

舒明天皇《じょめいてんのう》……26

シルクロード……29

新羅《シルラ》（新羅《しらぎ》）……29

推古天皇《すいこてんのう》……26

伝戒師《でんかいし》……22、23、26、29

▼正式《せいしき》な僧侶《そうりょ》になるために必要《ひつよう》な戒律《かいりつ》をさずける資格《しかく》をもった僧侶《そうりょ》。「和上《わじょう》」ともいう。

唐招提寺《とうしょうだいじ》……25

▼鑑真《がんじん》が戒律《かいりつ》を学《まな》ぶための道場《どうじょう》としてつくった。戒律《かいりつ》を重《おも》んじる律宗《りっしゅう》の大本《おおもと》の寺《てら》。

東大寺《とうだいじ》……24、25、28、29

▼聖武天皇《しょうむてんのう》が建立《こんりゅう》した、華厳宗《けごんしゅう》の大本《おおもと》の寺《てら》。ここで、鑑真《がんじん》によって授戒式《じゅかいしき》がおこなわれた。のちに、授戒《じゅかい》をおこなうための戒壇院《かいだんいん》がたてられた。

『唐大和上東征伝《とうだいわじょうとうせいでん》』……25

▼奈良時代《ならじだい》の文学者《ぶんがくしゃ》・淡海三船《おうみのみふね》が、鑑真《がんじん》の弟子《でし》にたのまれてかいた鑑真《がんじん》の伝記《でんき》。

長屋王《ながやおう》の変《へん》……28

▼天武天皇《てんむてんのう》の孫《まご》の長屋王《ながやおう》が謀反《むほん》の疑《うたが》いをかけられて、七二九年《ねん》、自殺《じさつ》に追《お》いこまれた。

日本天台宗《にほんてんだいしゅう》……26、27

悲田院《ひでんいん》……25

▼七三〇年《ねん》、皇太子妃《こうたいしひ》だったときに光明皇太后《こうみょうこうたいごう》がたてた、孤児《こじ》や病人《びょうにん》のための施設《しせつ》。

普照《ふしょう》……23、25、26

藤原清河《ふじわらのきよかわ》……24、26、27、29

藤原広嗣《ふじわらのひろつぐ》の乱《らん》……28

▼藤原広嗣《ふじわらのひろつぐ》が吉備真備《きびのまきび》らに対抗《たいこう》して七四〇年《ねん》におこした乱《らん》。

平城京《へいじょうきょう》……28

渤海《ぼっかい》……29

▼六九八～九二六年《ねん》、中国《ちゅうごく》の東北部《とうほくぶ》にあった国《くに》。

薬師寺《やくしじ》……24

栄叡《ようえい》……23、25、26

■監修

**山岸　良二（やまぎし　りょうじ）**

1951年東京都生まれ。慶應義塾大学大学院修士課程修了。東邦大学付属東邦中高等学校教諭、習志野市文化財審議会会長。専門は日本考古学。著書に『科学はこうして古代を解き明かす』（河出書房新社）、『原始・古代日本の集落』（同成社）、『古代史の謎はどこまで解けたのか』（PHP研究所）、『最新発掘古代史30の真相』（新人物往来社）など多数ある。

■文（2～21ページ）

**西本　鶏介（にしもと　けいすけ）**

1934年奈良県生まれ。評論家・民話研究家・童話作家として幅広く活躍する。昭和女子大学名誉教授。各ジャンルにわたって著書は多いが、伝記に『心を育てる偉人のお話』全3巻、『徳川家康』、『武田信玄』、『源義経』、『独眼竜政宗』（ポプラ社）、『大石内蔵助』、『宮沢賢治』、『夏目漱石』、『石川啄木』（講談社）などがある。

■絵

**ひだか　のり子**

法政大学文学部・文化服装学院を卒業後、服飾産業に携わる。教育機関勤務を経て、現在は切り絵のイラストレータとして活躍中。絵本に『そらをあるく しろいぞう』（すずき出版）、挿画に『白いガーベラ』（今人舎）などがある。日本児童文芸家協会会員。

■主な参考図書


『**東征伝絵巻**』編集・解説／小松茂美　中央公論社　1988年
『**鑑真**』著／安藤更生　吉川弘文館　人物叢書　1989年
『**遣唐使船の時代　時空を駆けた超人たち**』
編／遣唐使船再現シンポジウム　角川学芸出版　2010年
『**平城京　奈良の都のまつりごととくらし**』
編／奈良文化財研究所　2010年



企画・編集　こどもくらぶ
装丁・デザイン　長江　知子
D　T　P　株式会社エヌ・アンド・エス企画
資料ページ協力　川口　明子

よんで しらべて 時代がわかる　ミネルヴァ日本歴史人物伝
鑑　真
――海をこえてきた盲目の仏教僧――

2012年10月20日　初版第1刷発行　検印廃止

定価はカバーに
表示しています

監修者　山岸良二
文　西本鶏介
絵　ひだかのり子
発行者　杉田啓三
印刷者　金子眞吾

発行所　株式会社　ミネルヴァ書房
607-8494　京都市山科区日ノ岡堤谷町1
電話 075-581-5191／振替 01020-0-8076



©こどもくらぶ, 2012〔026〕



印刷・製本　凸版印刷株式会社

ISBN978-4-623-06413-7
NDC281/32P/27cm
Printed in Japan

よんでしらべて 時代がわかる
# ミネルヴァ 日本歴史人物伝

### 卑《ひ》弥《み》呼《こ》
監修 山岸良二 文 西本鶏介 絵 宮嶋友美

### 聖《しょう》徳《とく》太《たい》子《し》
監修 山岸良二 文 西本鶏介 絵 たごもりのりこ

### 小《お》野《のの》妹《いも》子《こ》
監修 山岸良二 文 西本鶏介 絵 宮本えつよし

### 中《なかの》大《おお》兄《えの》皇《おう》子《じ》
監修 山岸良二 文 西本鶏介 絵 山中桃子

### 鑑《がん》真《じん》
監修 山岸良二 文 西本鶏介 絵 ひだかのり子

### 聖《しょう》武《む》天《てん》皇《のう》
監修 山岸良二 文 西本鶏介 絵 きむらゆういち

### 清《せい》少《しょう》納《な》言《ごん》
監修 朧谷寿 文 西本鶏介 絵 山中桃子

### 紫《むらさき》式《しき》部《ぶ》
監修 朧谷寿 文 西本鶏介 絵 青山友美

### 平《たいらの》清《きよ》盛《もり》
監修 木村茂光 文 西本鶏介 絵 きむらゆういち

### 源《みなもとの》頼《より》朝《とも》
監修 木村茂光 文 西本鶏介 絵 野村たかあき

### 源《みなもとの》義《よし》経《つね》
監修 木村茂光 文 西本鶏介 絵 狩野富貴子

### 北《ほう》条《じょう》時《とき》宗《むね》
監修 木村茂光 文 西本鶏介 絵 山中桃子

### 足《あし》利《かが》義《よし》満《みつ》
監修 木村茂光 文 西本鶏介 絵 宮嶋友美

### 雪《せっ》舟《しゅう》
監修 木村茂光 文 西本鶏介 絵 広瀬克也

### 織《お》田《だ》信《のぶ》長《なが》
監修 小和田哲男 文 西本鶏介 絵 広瀬克也

### 豊《とよ》臣《とみ》秀《ひで》吉《よし》
監修 小和田哲男 文 西本鶏介 絵 青山邦彦

### 徳《とく》川《がわ》家《いえ》康《やす》
監修 大石学 文 西本鶏介 絵 宮嶋友美

### 細《ほそ》川《かわ》ガラシャ
監修 小和田哲男 文 西本鶏介 絵 宮嶋友美

### 伊《だ》達《て》政《まさ》宗《むね》
監修 小和田哲男 文 西本鶏介 絵 野村たかあき

### 春《かす》日《が》局《のつぼね》
監修 大石学 文 西本鶏介 絵 狩野富貴子

### 徳《とく》川《がわ》家《いえ》光《みつ》
監修 大石学 文 西本鶏介 絵 ひるかわやすこ

### 近《ちか》松《まつ》門《もん》左《ざ》衛《え》門《もん》
監修 大石学 文 西本鶏介 絵 野村たかあき

### 杉《すぎ》田《た》玄《げん》白《ぱく》
監修 大石学 文 西本鶏介 絵 青山邦彦

### 伊《い》能《のう》忠《ただ》敬《たか》
監修 大石学 文 西本鶏介 絵 青山邦彦

### 歌《うた》川《がわ》広《ひろ》重《しげ》
監修 大石学 文 西本鶏介 絵 野村たかあき

### 勝《かつ》海《かい》舟《しゅう》
監修 大石学 文 西本鶏介 絵 おくやまひでとし

### 西《さい》郷《ごう》隆《たか》盛《もり》
監修 大石学 文 西本鶏介 絵 野村たかあき

### 大《おお》久《く》保《ぼ》利《とし》通《みち》
監修 安田常雄 文 西本鶏介 絵 篠崎三朗

### 坂《さか》本《もと》龍《りょう》馬《ま》
監修 大石学 文 西本鶏介 絵 野村たかあき

### 福《ふく》沢《ざわ》諭《ゆ》吉《きち》
監修 安田常雄 文 西本鶏介 絵 たごもりのりこ

### 板《いた》垣《がき》退《たい》助《すけ》
監修 安田常雄 文 西本鶏介 絵 青山邦彦

### 伊《い》藤《とう》博《ひろ》文《ぶみ》
監修 安田常雄 文 西本鶏介 絵 おくやまひでとし

### 小《こ》村《むら》寿《じゅ》太《た》郎《ろう》
監修 安田常雄 文 西本鶏介 絵 荒賀賢二

### 野《の》口《ぐち》英《ひで》世《よ》
監修 安田常雄 文 西本鶏介 絵 たごもりのりこ

### 与《よ》謝《さ》野《の》晶《あき》子《こ》
監修 安田常雄 文 西本鶏介 絵 宮嶋友美

### 宮《みや》沢《ざわ》賢《けん》治《じ》
文 西本鶏介 絵 黒井健

27cm　32ページ　NDC281　オールカラー
小学校低学年～中学生向き

# 日《に》本《ほん》の歴史《れきし》年表《ねんぴょう》

| 時代《じだい》 | 年《ねん》 | できごと | このシリーズに出《で》てくる人物《じんぶつ》 |
|---|---|---|---|
| 旧石器時代《きゅうせっきじだい》 | 四〇〇万年前《まんねんまえ》〜 | 採集《さいしゅう》や狩《か》りによって生活《せいかつ》する | |
| 縄文時代《じょうもんじだい》 | 一三〇〇〇年前《ねんまえ》〜 | 縄文土器《じょうもんどき》がつくられる | |
| 弥生時代《やよいじだい》 | 前《ぜん》四〇〇年《ねん》ごろ〜 | 稲作《いなさく》、金属器《きんぞくき》の使用《しよう》がさかんになる<br>小《ち》さな国《くに》があちこちにできはじめる | 卑弥呼《ひみこ》 |
| 古墳時代《こふんじだい》 | 二五〇年《ねん》ごろ〜 | 大和朝廷《やまとちょうてい》の国土統一《こくどとういつ》が進《すす》む | |
| 飛鳥時代《あすかじだい》 | 五九三 | 聖徳太子《しょうとくたいし》が摂政《せっしょう》となる | 聖徳太子《しょうとくたいし》 |
| | 六〇七 | 小野妹子《おののいもこ》を隋《ずい》におくる | 小野妹子《おののいもこ》 |
| | 六四五 | 大化《たいか》の改新《かいしん》 | 中大兄皇子《なかのおおえのおうじ》 |
| | 七〇一 | 大宝律令《たいほうりつりょう》ができる | |
| 奈良時代《ならじだい》 | 七一〇 | 都《みやこ》を奈良《なら》（平城京《へいじょうきょう》）にうつす | 鑑真《がんじん》 |
| | 七五二 | 東大寺《とうだいじ》の大仏《だいぶつ》ができる | 聖武天皇《しょうむてんのう》 |
| 平安時代《へいあんじだい》 | 七九四 | 都《みやこ》を京都《きょうと》（平安京《へいあんきょう》）にうつす | 清少納言《せいしょうなごん》 |
| | | 藤原氏《ふじわらし》がさかえる | 紫式部《むらさきしきぶ》 |
| | | 『源氏物語《げんじものがたり》』ができる | 平清盛《たいらのきよもり》 |
| | 一一六七 | 平清盛《たいらのきよもり》が太政大臣《だいじょうだいじん》となる | |
| | 一一八五 | 源氏《げんじ》が平氏《へいし》をほろぼす | |
| 鎌倉時代《かまくらじだい》 | 一一九二 | 源頼朝《みなもとのよりとも》が征夷大将軍《せいいたいしょうぐん》となる | 源頼朝《みなもとのよりとも》<br>源義経《みなもとのよしつね》 |
| | 一二七四 | 元《げん》がせめてくる | 北条時宗《ほうじょうときむね》 |
| | 一二八一 | 元《げん》がふたたびせめてくる | |
| | 一三三三 | 鎌倉幕府《かまくらばくふ》がほろびる | |
| 南北朝時代《なんぼくちょうじだい》 | 一三三六 | 朝廷《ちょうてい》が南朝《なんちょう》と北朝《ほくちょう》にわかれ対立《たいりつ》する | |
| | 一三三八 | 足利尊氏《あしかがたかうじ》が征夷大将軍《せいいたいしょうぐん》となる | 足利義満《あしかがよしみつ》 |
| | 一三九二 | 南朝《なんちょう》と北朝《ほくちょう》がひとつになる | |